BEI GRIN MACHT SICH IHR WISSEN BEZAHLT

- Wir veröffentlichen Ihre Hausarbeit,
  Bachelor- und Masterarbeit

- Ihr eigenes eBook und Buch -
  weltweit in allen wichtigen Shops

- Verdienen Sie an jedem Verkauf

Jetzt bei www.GRIN.com hochladen und kostenlos publizieren

Bibliografische Information der Deutschen Nationalbibliothek:

Die Deutsche Bibliothek verzeichnet diese Publikation in der Deutschen National-
bibliografie; detaillierte bibliografische Daten sind im Internet über http://dnb.d-
nb.de/ abrufbar.

Impressum:

Copyright © 2015 GRIN Verlag, Open Publishing GmbH
Druck und Bindung: Books on Demand GmbH, Norderstedt Germany
ISBN: 9783668271753

Dieses Buch bei GRIN:

http://www.grin.com/de/e-book/337824/die-rolle-der-medienresonanzanalyse-in-
der-pr-evaluation

Anonym

Die Rolle der Medienresonanzanalyse in der PR-Evaluation

GRIN Verlag

GRIN - Your knowledge has value

Der GRIN Verlag publiziert seit 1998 wissenschaftliche Arbeiten von Studenten, Hochschullehrern und anderen Akademikern als eBook und gedrucktes Buch. Die Verlagswebsite www.grin.com ist die ideale Plattform zur Veröffentlichung von Hausarbeiten, Abschlussarbeiten, wissenschaftlichen Aufsätzen, Dissertationen und Fachbüchern.

Besuchen Sie uns im Internet:

http://www.grin.com/

http://www.facebook.com/grincom

http://www.twitter.com/grin_com

Pädagogische Hochschule Weingarten
Wissenschaftliche Hausarbeit:

30.03.15

Die Rolle der Medienresonanzanalyse in der PR-Evaluation

Inhaltsverzeichnis

1. Einleitung 4

2. Public Relations 6

3. Evaluation 7

   3.1 Das Kommunikationsmanagement 7

   3.2 Ebenen der PR-Evaluation 8

4. Medienresonanzanalyse 10

   4.1 Forschungskontext 10

      4.1.1 Theorien der Nachrichtenauswahl 10

      4.1.2 Gate-Keeper-Forschung 11

   4.2 Begriffsdefinition 12

   4.3 Ablauf einer Medienresonanzanalyse 13

      4.3.1 Quantitative Inhaltsanalyse 15

      4.3.2 Qualitative Inhaltsanalyse 16

   4.4 Input-Output-Analyse 17

5. Fazit 18

6. Literaturverzeichnis 19

Abbildungsverzeichnis

Abbildung 1: Der Kommunikationsprozess (Porák, Fieseler & Hoffmann, 2007, S. 536) 7

Abbildung 2: Ebenen der PR-Evaluation (DPRG, 2001, S. 7) 8

Abbildung 3: Ablaufschema der Medienresonanzanalyse (Klewes, 1994, S. 18) 13

Abbildung 4: Beispiel für die Ergebnisdarstellung einer Input-Output-Analyse 17

Tabellenverzeichnis

Tabelle 1: Kennzahlen der Medienresonanzanalyse (GPRA, 1994) 14

1. Einleitung

In einer Welt in der Konsumenten von Angeboten überhäuft werden, spielt die öffentliche Meinung über Unternehmen eine immer größer werdende Rolle, die sich monetär niederschlagen kann. Auch deshalb gewinnt die Öffentlichkeitsarbeit, ebenfalls Public Relations (PR) genannt, zunehmend an Bedeutung.

Im Gegensatz zu Bereichen wie Werbung und Marketing, für die ein systematischer Umgang mit Erfolgskontrolle zum Tagesgeschäft gehört, kommt bei der PR die Evaluation in den meisten Unternehmen noch zu kurz. Der PR-Trendmonitor aus dem Jahr 2007, bei dem 662 Unternehmen und 419 PR-Agenturen befragt wurden, zeigt, dass immerhin 86,5% der Unternehmen und 82,6% der Agenturen einen Ausschnittdienst beschäftigen. Ein Ausschnittdienst ist ein Dienstleister, der sich auf Medienbeobachtungen spezialisiert hat. Die Medienresonanz wird lediglich noch von ca. zwei Drittel (60,1%; 70,4%) der befragten Institutionen, in Form einer Medienresonanzanalyse, analysiert. Weiterführende Analysen, die sich mit der Wirkung der Kommunikationsmaßnahmen des Unternehmens auf die Öffentlichkeit befassen, werden nur noch von ungefähr einem Drittel durchgeführt.

Ein Grund dafür, dass Öffentlichkeitsarbeit verhältnismäßig selten evaluiert wird, liegt in den gering ausgeprägten Kenntnissen der empirischen Sozialforschung in PR-Abteilungen und Agenturen. Grundlagen der Statistik, der Aufbau von Fragebögen, das Design von Übersichts- und Abschlussberichten sind hier Mangelware, werden aber für eine erfolgreiche Evaluation benötigt. Desweiteren scheinen PR-Maßnahmen für die Evaluation nur schwer greifbar. Diese Kombination bedingt, dass die PR-Evaluation nicht in dem Maße vollzogen wird, wie es angebracht wäre, denn es sprechen viele Gründe dafür, die PR-Arbeit systematisch zu analysieren. Beispielsweise die Rechtfertigung des Budgets und die der organisatorischen Unabhängigkeit der Abteilung sowie die erfahrungsbasierte Planungsgrundlage für zukünftige Maßnahmen (Besson, 2008).

Eine grundsätzliche Besonderheit der Öffentlichkeitsarbeit ist, dass die Medienberichterstattung über ein Unternehmen oder Thema nicht ausschließlich vom Unternehmen gesteuert wird. Ein großer Teil hängt davon ab, wie Journalisten mit Quellen, also den Texten der Unternehmen umgehen und wie diese letztendlich veröffentlicht werden. Ebenso publizieren Journalisten eigens recherchierte Texte, die nicht auf Grundlage von PR-Maßnahmen beruhen. Man erkennt, dass die öffentliche Berichterstattung sowohl eigen-, als auch fremdinitiiert ist. Umso mehr fremdinitiierte Berichte in die Öffentlichkeit gelangen, desto weniger kann ein Unternehmen Einfluss auf die öffentliche Meinung nehmen. Um auf diese Gegebenheit zu reagieren, ist es für ein Unternehmen wichtig, das Verhältnis von eigen- und fremdinitiierter Berichterstattung zu identifizieren. Dieses Wissen bildet eine wichtige Entscheidungsgrundlage für den weiteren Verlauf von PR-Maßnahmen.

In dieser Arbeit wird die Fragestellung, ob die Medienresonanzanalyse das Verhältnis von eigen- zu fremdinitiierter Medienberichterstattung bestimmen kann und welche Rolle sie im Hinblick auf eine ganzheitliche, systematische PR-Evaluation spielt, erörtert.

Nach dem einleitenden Kapitel wird auf den Begriff Public Relations (Öffentlichkeitsarbeit) eingegangen. Danach wird die PR im Zusammenhang mit dem Kommunikationsmanagement sowie die verschiedenen Ebenen, auf denen eine ganzheitliche PR-Evaluation abläuft, betrachtet (Kapitel 3). In Kapitel 4 wird die Gate-Keeper-Forschung herangezogen, um eine grundsätzliches Besonderheit der PR zu verdeutlichen und einen theoretischen Rahmen zu schaffen. Nachfolgend steht die Medienresonanzanalyse im Fokus bis abschießend ein Fazit (Kapitel 5)gezogen wird.

Es ist erwähnen, dass das Medium Internet zwar angesprochen wird, allerdings nicht im Zentrum der Betrachtung steht, wie auch Kapitel 4.1 deutlich macht.

2. Public Relations

Harlow fand bereits 1976, allein in den USA, 472 unterschiedliche Definitionen zu „Public Relations". Viele haben denselben Kern, unterscheiden sich aber in Nuancen. Daher gibt es – wie so oft – nicht die eine allgemein anerkannte Definition.

Cultip, Center & Broom (1994) beschreiben die PR wie folgt: „Public Relations is the management function that identifies, establishes, and maintains mutually beneficial relationships between an organization and the publics on whom its success of failure depends" (S. 6). Cultip et al. (1994) sehen die PR als Managementfunktion an. Allein diese Beschreibung gibt einen ersten Hinweis auf die geforderte systematische Kontrolle und Evaluation. Durch die Definition als Managementfunktion wird PR als Prozess verstanden, der aus den Bestandteilen Planung, Organisation, Personaleinsatz, Führung und Kontrolle zusammengesetzt ist (Steinmann & Schreyögg, 1990). Dieser Gedanke wird in Kapitel 3.1 vertieft.

Pflaum und Linxweiler (1998) versuchen Aufschluss über die die Ziele der PR zu geben und unterteilen diese in außerökonomische und ökonomische Aspekte. Die außerökonomische Zielsetzung hat den Zweck, ein bestimmtes Image des Unternehmens in der (Teil)- Öffentlichkeit zu schaffen und Unterscheidungsmerkmale zur Konkurrenz herzustellen. Darunter fällt auch die Steigerung der Bekanntheit. Zu den ökonomischen Zielsetzungen zählen eher Aspekte, die sich auch der Werbung zuordnen lassen würden. Dazu gehören die Festigung und Steigerung der Marktanteile, die Steigerung des Umsatzes, die Neukundengewinnung, oder eher allgemein gefasst, die Gewinnsteigerung.

Die Bereiche PR und Werbung werden häufig verwechselt, da die Grenzen zum Teil fließend sind. Beide Disziplinen bedienen sich derselben Medien und befassen sich mit dem Image des Unternehmens. PR und Werbung verfolgen allerdings unterschiedliche Ziele. Werbung möchte einen direkten Handlungsreiz auslösen wohingegen die PR in erster Linie die Meinung der Öffentlichkeit bilden bzw. beeinflussen möchte. Desweiteren lassen sich die Zielgruppen differenzieren. Werbung richtet sich gezielt an potenzielle Käufer, PR wendet sich eher an gesamte Öffentlichkeit (Merten, 1999).

Es ist zu erwähnen, dass in dieser Arbeit nicht auf die individualpsychologische Rolle der PR eingegangen wird. Der Begriff Öffentlichkeitsarbeit wird synonym zu Public Relations (PR) verwendet.

3. Evaluation

Nachdem der Begriff der PR beschrieben wurde, geht dieses Kapitel auf deren Rolle als Managementfunktion und die Ebenen der PR-Evaluation ein.

3.1 Das Kommunikationsmanagement

Die Unternehmenskommunikation, darunter fallen unter anderem PR und Werbung, hat heutzutage den Anspruch, auf der Grundlage eines professionellen Managements der Kommunikationsbeziehungen zu basieren. Porák, Fieseler und Hoffmann (2007) stellen das Kommunikationsmanagement in einem Kreislauf (Abb. 1) dar, der die Schritte Planung, Implementation, Wirkung und Kontrolle beinhaltet.

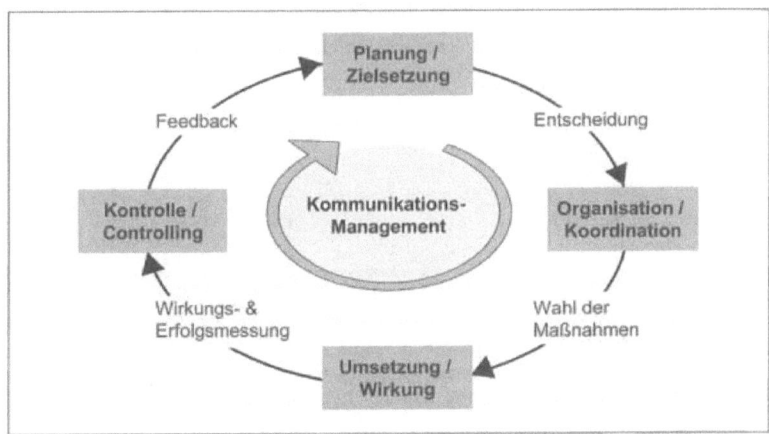

Abbildung 1: Der Kommunikationsprozess (Porák, Fieseler & Hoffmann, 2007, S. 536)

Ausgangspunkt bildet die Planung der Maßnahmen und eine Analyse der aktuellen Situation des jeweiligen Unternehmens sowie die Zielsetzung, um überhaupt zu wissen was man erreichen möchte. Jede Kommunikationsmaßnahme löst eine bestimmte Wirkung aus. Diese Wirkungen müssen empirisch erhoben, analysiert und kontrolliert werden. Die Erfolgskontrolle bildet schließlich die Grundlage für die weitere Planung und Optimierung der Kommunikationsmaßnahmen (Porák et al., 2007).

Fehlende Erfolgskontrolle lässt Unternehmenskommunikation willkürlich und wenig durchdacht erscheinen. Ebenso fehlen solide Begründungen, um finanzielle Ausgaben recht zu fertigen. Diese Ausgaben sind allerdings notwendig, da die Unternehmenskommunikation, worunter natürlich auch die Öffentlichkeitsarbeit fällt, zu den operativen und strategischen Zielen der Organisation beiträgt (Zerfaß & Pfannenberg, 2005).

„Die Erfolgsmessung der Kommunikation macht den Zusammenhang von Kommunikationshandeln und dessen Wirkung sichtbar und stellt diesen den vorab definierten Zielen gegenüber" (Porák et al., 2007, S. 538).

Eine umfassende Erfolgsmessung läuft auf verschiedenen Ebenen ab. Diese werden Output, Outgrowth, Outcome und Outflow genannt (Porák et al., 2007).

3.2 Ebenen der PR-Evaluation

Die Deutsche Public Relations Gesellschaft (2001) verdeutlicht, dass die PR-Evaluation auf unterschiedlichen Ebenen stattfindet. Die Resultate, die auf einer Ebene ermittelt wurden, bilden hierbei die Grundlage für die Evaluation der nachfolgenden Ebene(n), wie in Abbildung 2 zu erkennen ist.

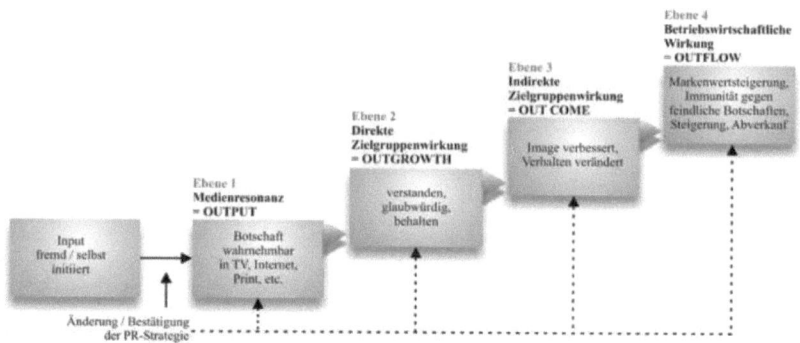

Abbildung 2: Ebenen der PR-Evaluation (DPRG, 2001, S. 7)

Nachfolgend werden die vier Ebenen beschrieben, dabei wird der Schwerpunkt auf die „Output"-Ebene gelegt, da die Medienresonanzanalyse dieser zugeordnet ist.

Die Output-Ebene betrachtet im Prinzip die reine Produktionsleistung der PR. Messgrößen sind beispielsweise die Anzahl der Veröffentlichungen, Verbreitung und Zugriffsstatistiken – zusammenfassend wird also vor allem der Umfang der Kommunikationstätigkeit betrachtet. Im Endeffekt können dann Aussagen über die Verfügbarkeit und Reichweite von unternehmerischen Aussagen gemacht werden. Viele Methoden der Medienauswertung werden der Output-Ebene zugeordnet. Darunter fallen unter anderem Clippings und die Medienresonanzanalyse, die im nächsten Kapitel im Zentrum der

Betrachtung steht. Rolke (2007) beschreibt Clippings als Zusammenstellung von nach Häufigkeit, Thematik und Umfang sortierten Pressebeiträgen zu einem Unternehmen oder Themenkomplex. Porák et al. (2007) betonen, dass die Output-Ebene nicht die Wirkung der Kommunikation bei den Rezipienten betrachtet und daher bei der Erfolgsmessung – für sich alleinstehend – eher bedingt geeignet ist. Allerdings bilden die Messergebnisse dieser Ebene eine solide Grundlage für die Erhebungen auf den nachfolgenden Ebenen. Die erhobenen Ergebnisse sind eher als Indizien zu werten. Beispielsweise ist das Ziel einer Kommunikationsmaßnahme die Steigerung der Bekanntheit eines Produkts, so kann eine erhöhte Medienresonanz ein gutes Indiz für die erfolgreiche Kommunikation sein (Porák et al., 2007).

Die Outgrowth-Ebene befasst sich damit, ob die Kommunikationsmaßnahmen die Zielgruppe überhaupt erreicht haben. Denn um eine Wirkung zu erzielen, muss Verständigung zwischen beiden Kommunikationspartnern (Unternehmen und Individuum) stattgefunden haben. Diese basiert auf der Wahrnehmung der jeweiligen Mitteilung. Zusammenfassend beschreibt Outgrowth die Aufmerksamkeit und Erinnerungsfähigkeit der Zielgruppe (Porák et al., 2007).

Die Outcome-Ebene betrachtet die Wirkung der Kommunikation. Porák et al., (2007, S. 542) sagen, dass hier „über die bloße Registrierung einer Kommunikationsmaßnahme hinaus das Verständnis sowie die Beeinflussung von Wissen, Einstellungen und Handlungen erhoben [wird]." Diese Ebene muss im Mittelpunkt der Evaluation stehen, da sie sich direkt auf die Kommunikationsziele eines Unternehmens bezieht (Porák et al., 2007).

Die Outflow-Ebene stellt monetäre Auswirkungen des Outcome in den Mittelpunkt. Es wird analysiert inwieweit die Kommunikationsmaßnahmen die Einstellung und somit das Handeln der Zielgruppe beeinflusst und inwiefern diese Handlungen zum finanziellen Erfolg des Unternehmens beigetragen haben. Diese Ebene gewinnt immer mehr an Bedeutung (Porák et al., 2007).

Die Ebenen der PR-Evaluation helfen, die Medienresonanzanalyse in den Kontext einer umfassenden Evaluation zu stellen. Den Ablauf und die Ziele einer Medienresonanzanalyse werden im folgenden Kapitel angesprochen.

4. Medienresonanzanalyse

Die standardisierte Medienanalyse wird seit den 90ern im deutschsprachigen Raum als Medienresonanzanalyse bezeichnet und stellt das bekannteste Instrument der PR-Evaluation dar. Der Begriff wurde vor allem durch Klewes geprägt. Die Medienresonanzanalyse gilt als „Paradeinstrument" der PR-Evaluation und untersucht – wenn auch vereinfacht ausgedrückt – wer, wann, wo und wie über ein Thema/ Unternehmen/ Person berichtet hat/wurde (Besson, 2008).

Grundlage der Medienresonanzanalyse bildet die empirische Auswertung von Clippings unter Verwendung des Instrumentariums der sozialwissenschaftlichen Inhalts- und Aussagenanalyse (Faulstich, 2000). Der Mehrwert der Medienresonanzanalyse zeichnet sich dadurch aus, dass die Publikationen nicht nur quantitativ (formal) erfasst werden, sondern auch einer qualitativen, inhaltsanalytischen Bewertung unterzogen werden.

Bevor die Medienresonanzanalyse im Detail betrachtet wird, wird auf den Forschungskontext eingegangen, der für diese Arbeit relevant ist.

4.1 Forschungskontext

Medienresonanzanalysen werden in der Forschung eingesetzt, um das Zusammenspiel von Quellen und journalistischem Output empirisch-analytisch zu untersuchen. Mit Quellen meint man, in diesem Zusammenhang, Texte von Unternehmen oder anderen Institutionen, die dem Bereich der Öffentlichkeitsarbeit zugeordnet sind und den Journalisten zur Verfügung gestellt werden. Im Rahmen dieses Forschungskontextes haben sich verschiedene Theorien (Determinationsforschung, das Intereffikationsmodell, Agenda-Building-Theory und Theorien der Nachrichtenauswahl) herausgebildet, die unterschiedliche Aspekte in den Mittelpunkt stellen. Diese Arbeit beschäftigt sich mit der Gatekeeper-Forschung, die sich den Theorien zur Nachrichtenauswahl zuordnen lässt (Raupp, J. & Vogelgesang, J., 2009).

4.1.1 Theorien der Nachrichtenauswahl

Hinter den Theorien der Nachrichtenauswahl steckt die grundsätzliche Annahme, dass Nachrichten das Ergebnis journalistischer Auswahl- und Bearbeitungsprozesse sind. Das Zitat „News is what newspapermen make it" fasst die kommunikationswissenschaftliche Perspektive auf die Nachrichtenforschung treffend zusammen. Im deutschsprachigen Raum wird primär auf drei Forschungsrichtungen (Gate-Keeper-Forschung, Nachrichtenwert-Forschung und News-Bias-Forschung) verwiesen, die sich damit beschäftigen, wie Medieninhalte zustande kommen (Raupp, J. & Vogelgesang, J, 2009). Hier liegt der Fokus auf der Gate-Keeper-Forschung.

4.1.2 Gate-Keeper-Forschung

Dieser Ansatz betrachtet Nachrichten als Ergebnis journalistischer Entscheidungsprozesse und stellt dabei den Journalisten in den Mittelpunkt. Der Kommunikationsforscher White ging von der Annahme aus, dass Journalisten täglich entscheiden, was in die Zeitung kommt und was nicht. Er beschreibt den Prozess der Nachrichtenauswahl wie folgt: Eine Nachricht fließt von einer Quelle (Unternehmen) über mehrere Stationen (Nachrichtenagenturen, etc.) bis auf den Schreibtisch eines Redakteurs. Die Nachricht passiert mehrere Schleusen (Gates), wobei an jeder Schleuse ein Journalist sitzt, der darüber entscheidet ob und wie die Nachricht verbreitet werden soll (White, 1950).

White führte 1949 eine Fallstudie durch. Er veranlasste, dass ein Redakteur einer lokalen Morgenzeitung aufschrieb, welche Meldungen er in die Zeitung aufnimmt und welche nicht. Die Meldungen, die nicht aufgenommen wurden, wurden mit einer jeweiligen Begründung bei Seite gelegt. White verglich anschließend die Meldungen, die beim Redakteur eingegangen waren mit denen, die letztendlich veröffentlicht wurden (White, 1950). Diese Vorgehensweise ist im Prinzip eine frühe Form der Medienresonanzanalyse – oder konkreter beschrieben – eine Input-Output-Analyse (vgl. Kapitel 4.4). White sah den Journalisten als Individuum an, das frei entscheidet. Folgende Gate-Keeper-Studien erweiterten diese Ansicht um institutionelle Einflussfaktoren, wie berufsrollenspezifisches Verhalten, das Zusammenspiel von Journalisten in einer Gesamtredaktion sowie redaktionelle Entscheidungsprogramme. Der Journalist wird also nicht mehr isoliert, sondern in einem Kontext betrachtet (Raupp, J. & Vogelgesang, J, 2009).

Die Gate-Keeper-Forschung lässt sich nicht problemlos von Printmedien auf das Internet übertragen. Ein Merkmal des Web 2.0 ist, dass im Prinzip jedes Individuum Texte veröffentlichen und verbreiten kann. Vor allem in sozialen Netzwerken ist dieses Prozedere aus dem Alltag nicht mehr wegzudenken. Deshalb wird die Gate-Keeper-Funktion von Massenmedien zunehmend außer Kraft gesetzt (Köhler, 2006).

Nachdem der theoretische Rahmen geklärt wurde, befassen sich die nächsten Kapitel mit der Begrifflichkeit und dem Ablauf der Medienresonanzanalyse.

4.2 Begriffsdefinition

Die Medienresonanzanalyse besitzt mehrere Bezeichnungen, die allerdings in der Literatur nahezu synonym verwendet werden. Die Bekanntesten im deutschsprachigen Raum sind: Medien-Monitoring, Content-Analyse und Inhaltsanalyse. Wobei mit dem Term Inhaltsanalyse eine besondere Beziehung besteht, die im nächsten Absatz erklärt wird. Weitere Bezeichnungen, die aus dem englischsprachigen Raum stammen, sind Media Content Analysis, Media Measurement oder Public Tracking. Diese verschiedenen Bezeichnungen umschreiben alle beinahe die gleiche Tatsache, deshalb wird in dieser wissenschaftlichen Arbeit lediglich der Term Medienresonanzanalyse benutzt.

Der Zusammenhang von Medienresonanzanalyse und Inhaltsanalyse lässt sich wie folgt erklären: Das Instrument der Inhaltsanalyse ist eine empirische Methode zur systematischen, intersubjektiv nachvollziehbaren Beschreibung inhaltlicher und formaler Merkmale von Mitteilungen. Im Zentrum steht die Deskription von Medieninhalten nach wissenschaftlichen Kriterien, wie z. B. Systematik und Intersubjektivität. Die Inhaltsanalyse ist also zunächst eine Methode zur Erhebung empirischer Daten. Im Unterschied zur Befragung oder Beobachtung ist ihr Gegenstand jedoch die materialisierte Kommunikation in Form von Texten oder Sendungen (Früh, 2011). Jede Medienresonanzanalyse beinhaltet folglich immer eine Inhaltsanalyse (quantitativ oder qualitativ) in mehr oder weniger großem Umfang.

Wie bereits erwähnt, haben sich im Laufe der Zeit unterschiedliche Begrifflichkeiten gebildet, die mit der Medienresonanzanalyse gleichgesetzt werden. Dadurch lässt sich erklären, dass sich in der Literatur eine Vielzahl von Definitionen entwickelt haben. Berelson versucht schon 1952 eine Definition zu geben und meint: „Content analysis is a research technique for the objective, systematic, and quantitative description of the manifest content of communication." Diese frühe Definition bildet die Grundlage für spätere Ansätze und beinhaltet schon wesentliche Punkte. Eine weitere Beschreibung gibt Brauner (2001): „Die Medienresonanzanalyse [ist] ein computergestütztes, empirisches Instrument [und] verknüpft die PR-Maßnahmen und die daraus resultierenden Medieninhalte. In die Inhaltsanalyse gehen quantitative und qualitative Daten ein" (S.99). Ein wichtiger Punkt ist die Unterscheidung zwischen quantitativen und qualitativen Daten. Dies wird im Verlauf dieser Arbeit aufgefasst.

Nach der Begriffsklärung wird der Ablauf einer Medienresonanzanalyse unter die Lupe genommen.

4.3 Ablauf einer Medienresonanzanalyse

Klewes (1994) veranschaulicht den Ablauf einer Medienresonanzanalyse in der folgenden Abbildung.

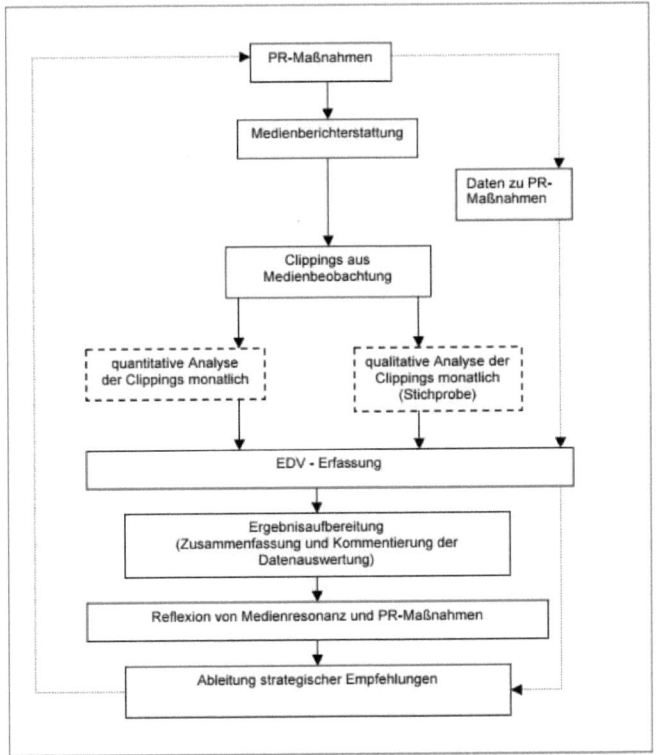

Abbildung 3: Ablaufschema der Medienresonanzanalyse (Klewes, 1994, S. 18)

Nach Klewes ist die Voraussetzung jeder Medienresonanzanalyse, dass PR-Maßnahmen durchgeführt wurden und die Medienberichterstattung mindestens im Gang oder sogar schon zum größten Teil abgeschlossen ist.

Wie bereits zuvor angedeutet, stellt die Medienresonanzanalyse im Prinzip die Weiterentwicklung von reinen Clipping-Sammlungen dar. Jede Medienresonanzanalyse basiert also auf den Medienberichten, die zu einem Unternehmen oder Produkt erschienen sind.

Diese werden qualitativ und/oder quantitativ nach ausgewählten Kriterien, wie z.B. Suchbegriffen, Wertungen, Namensnennungen und Botschaften untersucht (Besson,

2008). Die verschiedenen Möglichkeiten werden in Kapitel 4.3.1 und 4.3.2 detailliert dargestellt.

Durch die Medienresonanzanalyse können verschiedene Kennzahlen (Tabelle 1) identifiziert werden, die für Unternehmen im Zuge einer PR-Evaluation relevant sind.

Kennzahlen	Beschreibung
Affinitätswert	Gibt die inhaltliche Nähe eines Meinungsträgers oder eines Mediums zu einer vorher definierten Position an
Akzeptanzquotient	Bezieht sich auf das Verhältnis positiver, neutraler oder negativer Medienbeiträge zu einem Thema
Durchdringungsindex	Gibt an, wie häufig ein Thema, ein Name, ein Akteur oder ein Produkt in den Medien genannt wird
Initiativquotient	Gibt das Verhältnis von selbst- versus fremdgesteuerter Berichterstattung wieder
Resonanzquotient	Gibt Aufschluss über die Anzahl und Verteilung der Berichte in verschiedenen Medienzielgruppen
Themenquotient	Gibt die Anteile einzelner Themen der gesamten Medienresonanz an
Verteilungswert	Gibt regionale Medienpräsenz an

Tabelle 1: Kennzahlen der Medienresonanzanalyse (GPRA, 1994)

Um Resultate in Form von Kennzahlen zu erhalten, muss man bei der Konzeption der Medienresonanzanalyse – vor der Datenerhebung – ein sogenanntes Codebuch anlegen.

Das Codebuch kann als Handbuch angesehen werden, in dem die zu untersuchenden Kriterien definiert und in Kategorien eingeordnet werden. Kriterien sind beispielsweise welche Medien untersucht werden oder der Umfang des jeweiligen Artikels. Für alle Aspekte werden Zahlen vergeben, mit der eine Gewichtung der einzelnen Kriterien einhergeht und somit die Auswertung gewährleisten. Dies ist gleichbedeutend dem Schritt der Operationalisierung. Die zu untersuchenden Kriterien sind in der Regel in jeder Medienresonanzanalyse ähnlich, allerdings kann die Gewichtung sehr unterschiedlich sein. Das ist abhängig davon, welche Ziele mit der Evaluation verfolgt werden. Zu diesem Zeitpunkt hat man – spätestens – genau festgelegt, welche Kriterien man untersucht und in Abhängigkeit dieser ist die Art der Untersuchung, quantitativ oder qualitativ, auszuwählen.

Die Datenerfassung geschieht in der Regel computergestützt, mittels einer relationalen Datenbank und wird durch Kodierungsregeln geleitet, die vorab festgelegt wurden. Ein Pre-Test zur Optimierung des Codebuchs ist sinnvoll, um Fehler vorab auszumerzen.

Die darauffolgende Datenanalyse besteht aus der Bildung verschiedener Werte der deskriptiven Statistik (Summen, Mittelwerte) (Besson, 2008).

Ein Problem der Kodierung und der Datenbewertung kann ein subjektiver Einfluss sein. Um dem entgegenzuwirken plädiert Merten (2005) für die Einführung wissenschaftlicher Gütekriterien bei der Kodierung von Medienresonanzdaten. Dazu gehören: Wertneutralität, Messvalidität der Instrumente und intersubjektive Nachprüfbarkeit.

Wie bei allen systematischen Evaluationen steht auch am Ende der Medienresonanzanalyse die Zusammenfassung sowie die Aufbereitung und Bewertung der Ergebnisse. Die bloße Darstellung der Ergebnisse reicht allerdings nicht aus. Wie auch Klewes (1994) in seinem Ablaufschema zeigt, müssen praxisrelevante Handelsempfehlungen aus den präsentierten Ergebnissen abgeleitet und letztendlich auch umgesetzt werden, damit ein Mehrwert bzw. die Optimierung der Öffentlichkeitsarbeit erzielt werden kann (Besson, 2008).

Dieses Kapitel erläuterte den Ablauf einer Medienresonanzanalyse. Nachfolgend werden die quantitative und qualitative Form der Analyse näher betrachtet.

4.3.1 Quantitative Inhaltsanalyse

Die quantitative Inhaltsanalyse beschäftigt sich grundsätzlich mit der Fragestellung: „Wie stark nehmen meine Zielgruppen Notiz von meinem Artikel?"

Brauner (2001) ordnet die Überschrift, die Dokumentart, die Länge des Texts, die Rubrik/ das Ressort, die Platzierung auf der jeweiligen Seite bei Print-Publikationen, das Text-/Bild-Verhältnis, den Medientitel, die Medienart, die Auflagenhöhe bei Print-Publikationen und die Quelle den quantitativen Kriterien zu. Die Auswertung der Kriterien ergibt einen fixen Zahlenwert, der den Ausgangspunkt für verschiedene Vergleiche bildet. Beispielsweise kontinuierliche Vergleiche zu verschiedenen Zeitpunkten, umso Veränderungen in gewissen Zeitspannen festzustellen oder Vergleiche mit direkten Konkurrenten (Wettbewerbern).

Im Rahmen der Medienresonanzanalyse haben sich mittlerweile einige Kennzahlen (vgl. Kapitel 4.3) entwickelt und etabliert. In diesem quantitativen Bereich ist vor allem der Durchdringungsindex zu nennen, der die Häufigkeit der Nennungen eines Themas, Produkts oder Unternehmens angibt (Brauner, 2001). Die Verbreitung des Mediums ist ein weiteres aussagekräftiges quantitatives Kriterium. Bei der Veröffentlichung von

Printmedien wird hierzu die Auflage herangezogen, bei TV-Sendungen die Einschaltquoten und bei Internet-Publikationen die Page Impression. Unter Page Impression versteht man die Anzahl der Aufrufe einer einzelnen Webseite mittels Webbrowser. Diese Werte beziffern die Anzahl der Menschen, die die Möglichkeit haben, die jeweilige Publikation zu rezipieren (Ziehr, 2003).

4.3.2 Qualitative Inhaltsanalyse

Die qualitative Inhaltsanalyse beschäftigt sich grundsätzlich mit der Fragestellung „Wie wird das Thema/Produkt oder Unternehmen in den Medien dargestellt?"

Die zu untersuchenden qualitativen Kriterien nach Brauner (2001) sind unternehmensrelevante Aussagen und somit zählen die Akzeptanz bzw. Bewertung des Unternehmens, Transport der Kernbotschaften, ob und welche Aussage von Meinungsträgern gemacht worden ist und wie lange sich ein Thema in den Medien hält, dazu.

Die Vorgehensweise ist folgende: Codierer arbeiten alle recherchierten Publikationen ab und geben, die im Codebuch festgelegten, Kategorien in eine Datenbank ein. Es besteht auch die Möglichkeit einer computergestützten Erfassung der Kategorien. Aufgrund der erfassten Kategorien erfolgt die grafische und textliche Auswertung. Die computergestützte Vorgehensweise hat zwar in den letzten Jahren große Fortschritte gemacht, ist jedoch nach wie vor nicht ausgereift. Im Gegensatz zu Software-Programmen können Codierer beispielsweise Abstufungen oder einen ironischen Unterton genauer erkennen (Bonfadelli, 2002).

Auch bei der qualitativen Inhaltsanalyse gibt es bestimmte Kennzahlen. Beispielsweise der Akzeptanzquotient, dessen Nutzen darin besteht das Verhältnis von positiven, negativen oder neutralen Medienberichten aufzuzeigen.

Besonders interessant ist, in Hinblick auf die Fragestellung des einleitenden Kapitels, der Initiativquotient. Mit dieser Kennzahl kann man feststellen, ob die Berichterstattung zu einem bestimmten Thema eher eigen- oder fremdinitiiert ist. Der Initiativquotient wird anhand einer Input-Output-Analyse ermittelt (Brauner, 2001). Darauf wird in Kapitel 4.4 gesondert eingegangen.

4.4 Input-Output-Analyse

Wie bereits im letzten Kapitel erwähnt, wird der Initiativquotient über eine Input-Output-Analyse errechnet. Eine Frühform dieser Analyseform stellt die Fallstudie von White (1950), im Zuge der Gate-Keeper-Forschung dar. Allerdings basiert sie (noch) nicht auf einer systematischen Medienresonanzanalyse.

Heute – wie damals – überprüft die Input-Output-Analyse in welchem Ausmaß die PR-Maßnahmen (Input) Eingang in die Medienberichterstattung gefunden haben und inwieweit die bereitgestellten Texte von den Medienvertretern abgeändert wurden. Als Ergebnis erhält man, den zuvor angesprochenen Initiativquotient, der Aufschluss über das Verhältnis von eigeninitiierten und fremdinitiierten Publikationen gibt.

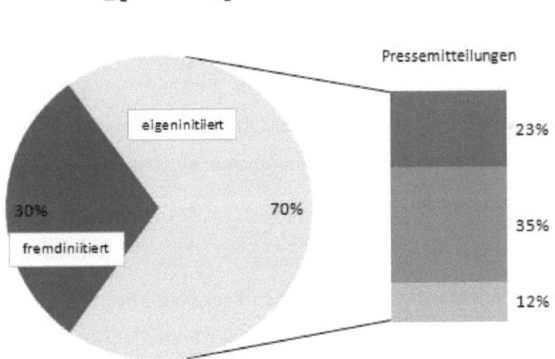

Abbildung 4: Beispiel für die Ergebnisdarstellung einer Input-Output-Analyse

In der Praxis liegt das optimale Verhältnis bei 70% eigen- zu 30% fremdinitiierter Berichterstattung, das ergibt einen Initiativquotient von 0,7. Falls dieser Wert bei beispielsweise 0,95 liegt, kann man daraus ableiten, dass das Unternehmen – fast ausschließlich – für alle Veröffentlichungen selbst sorgen muss. Das kann durchaus als Indiz dafür gewertet werden, dass das Unternehmen uninteressant für die Presse ist. Tritt das Gegenteil ein und die Fremdinitiierung ist dauerhaft zu hoch, so hat das Unternehmen die Kontrolle über die Berichterstattung verloren und kann die gewünschten Wirkungen nicht erzielen. Das zeigt sich oft wenn Krisen vorliegen. In beiden Fällen muss das Unternehmen intervenieren (Fesser, 2000).

Zum Abschluss wird ein Fazit mit den Erkenntnissen dieser Arbeit gezogen.

5. Fazit

Die meisten PR-Verantwortlichen geben sich mit einer eher oberflächlichen Analyse, anhand von Clippings, zufrieden. Allerdings verschenkt man wesentliche Kennzahlen für strategische Entscheidungen, wenn man keine Medienresonanzanalyse durchführt (vgl. Kapitel 4.3). Diese ist praktisch und liefert repräsentative Ergebnisse um den PR-Erfolg zu belegen. Allerdings sind die reinen Daten nutzlos, wenn diese nicht interpretiert und daraus Handlungsempfehlungen abgeleitet werden, auf denen zukünftige Entscheidungen beruhen (vgl. Kapitel 4.3). Man muss beachten, dass eine ganzheitliche PR-Evaluation, insgesamt auf vier Ebenen abläuft (vgl. Kapitel 3.2). Die Medienresonanzanalyse wird der Output-Ebene zugeordnet. Die Ergebnisse dieser Ebene bilden die Grundlage für alle übergeordneten Ebenen. Auch deshalb spielt die Medienresonanzanalyse eine große Rolle im Evaluationsprozess. Eisele und Reineke (2000) mahnen an, dass trotz der tragenden Rolle der Medienresonanzanalysen, die Ergebnisse dieser nicht mit der Wirkung der PR-Maßnahmen auf Rezipienten gleichgesetzt werden dürfen. Denn die Ergebnisse der Medienresonanzanalyse erlauben keine gesicherten Aussagen drüber, inwieweit Veränderungen auf den übergeordneten Evaluations-Ebenen erzielt wurden. Dafür werden andere Instrumente benötigt.

Die anfängliche Hypothese, dass die Medienresonanzanalyse das Verhältnis von eigen- zu fremdinitiierter Medienberichterstattung bestimmen kann, wird bestätigt. Unter Anwendung der Input-Output-Analyse (vgl. Kapitel 4.4), einer Form der Medienresonanzanalyse, kann der Initiativquotient bestimmt werden. Dieser gibt wiederum das Verhältnis von fremdinitiierter und eigeninitiierter Medienberichterstattung an. Der optimale Quotient für eigeninitiierte Berichterstattung liegt bei 0,7. Ergeben sich dauerhaft signifikante Abweichung von diesem Wert, muss das Unternehmen reagieren und Maßnahmen in die Wege leiten.

Abschließend ist festzuhalten, das eine umfassende PR-Evaluation eine solide Hilfestellung für die PR-Praxis bietet. Medienresonanzanalysen bilden eine wichtige Grundlage, dürfen aber gleichzeitig nicht überschätzt und „als Lösung aller Probleme" angesehen werden. Der Bedarf an Evaluationsmodellen und Instrumenten, die die Qualität und Effektivität der PR-Maßnahmen theoretisch erklären und praktisch erfassen, ist ungebrochen. Um den Status der PR als Managementfunktion zu begründen sind diese von großem Nutzen. Ebenso wird zukünftig das Internet mehr und mehr in das Zentrum der Betrachtung rücken, deshalb müssen auch hier spezielle Ansätze entwickelt werden.

6. Literaturverzeichnis

Besson, N. (2008). Strategische *PR-Evaluation – Erfassung, Bewertung und Kontrolle von Öffentlichkeitsarbeit* (3. Auflage). Wiesbaden: GWV Fachverlage GmbH.

Berelson, B. (1952). *Content Analysis in Communication Research.* Glencoe: The Free Press.

Bonfadelli, H. (2002). *Medieninhaltsforschung. Grundlagen, Methoden, Anwendungen.* Konstanz: UVK.

Brauner, D. (2001). *Lexikon der Presse- und Öffentlichkeitsarbeit.* München: Oldenbourg.

Deutsche Public Relations-Gesellschaft e. V. (2001). *PR-Evaluation. Messen, Analysieren, Bewerten – Empfehlungen für die Praxis.* Bonn: DPRG-Wirtschaftsdienste- und Verlagsgesellschaft mbH (DWVG).

Eisele, H. & Reineke, W. (2000). *Taschenbuch der Öffentlichkeitsarbeit. Public Relations in der Gesamtkommunikation.* Heidelberg: Sauer-Verlag.

Faulstich, W. (2000). *Grundwissen Öffentlichkeitsarbeit.* München: Fink.

Fesser, N. (2000). *Public Relations-Erfolgskontrollen - Zur Messbarkeit der Öffentlichkeitsarbeit.* Norderstedt: Diplomica.

Früh, W. (2011). *Inhaltsanalyse: Theorie und Praxis.* Konstanz: UVK.

GPRA (1994). *Medienresonanz-Analysen. Wer bewirkt was, wann, wodurch und andere Antworten auf die Fragen zum Erfolg in der Medienarbeit.* Frankfurt am Main: GPRA.

Grunig, J. & Hunt, T. (1984*). Managing Public Relations.* Orlando: Harcourt Brace Jovanovich College Publishers.

Herbst, D. (2003). *Corporate Identity: Aufbau einer einzigartigen Unternehmensidentität. Leitbild und Unternehmenskultur. Image messen, gestalten und überprüfen.* Berlin: Cornelsen.

Klewes, J. (1994). Kann man Öffentlichkeitsarbeit messen? Zur Frage nach dem Sinn und den Möglichkeiten in den Public Relations. In J. Klewes (Hrsg.), *Kompetenz Nr. 11 – Public Relations und Management* (Broschüre). Düsseldorf: K&K.

Köhler, T. (2006). *Krisen-PR im Internet. Nutzungsmöglichkeiten, Einflussfaktoren und Problemfelder.* Wiesbaden: GWV.

Krüger, C. (2007). Medienanalyse als Instrument strategischer Kommunikation. In T. Wägenbaur (Hrsg.), *Medienanalyse. Methoden, Ergebnisse, Grenzen. Schriften zur Medienwirtschaft und zum Medienmanagement* (Band 16) (S. 189-202). Baden-Baden: Nomos.

Merten, K. (1995). *Inhaltsanalyse. Einführung in Theorie, Methode und Praxis* (2. Auflage). Opladen: Westdeutscher Verlag.

Merten, K. & Wienand E. (2004). *Medienresonanzanalyse. Vortrag in Berlin 7.5.2004.* Verfügbar unter:

http://www.comdat.de/downloads/Medienresonanzanalyse%20Vortrag%202004.07.05 %20Berlin.pdf [10.12.14]

Merten, K. (2005). Möglichkeiten des Effekt-Controlling. In A. Schaffranietz (Hrsg.), *Public Relations – Perspektiven und Potenziale im 21. Jahrhundert* (2. Auflage) (S. 201-215). Wiesbaden: VS.

Merten, K. (2007). Medienanalyse in der Mediengesellschaft. Möglichkeiten und Grenzen. In T. Wägenbaur (Hrsg.), *Medienanalyse. Methoden, Ergebnisse, Grenzen. Schriften zur Medienwirtschaft und zum Medienmanagement* (Band 16) (S. 21-50). Baden-Baden: Nomos Verlag.

Pfannenberg, J. & Zerfaß, A. (2005). *Wertschöpfung durch Kommunikation.* Frankfurt am Main: Frankfurter Allgemeine Buch.

Pflaum, D. & Linxweiler, R. (1998). *Public Relations der Unternehmung.* Landsberg: Moderne Industrie.

Porák, V., Fieseler, C. & Hoffmann, C. (2007). Methoden der Erfolgsmessung von Kommunikation. In A. Zerfaß (Hrsg.), *Handbuch Unternehmenskommunikation* (S. 535 -556). Wiesbaden: Gabler.

Raupp, J. & Vogelgesang, J. (2009). Medienresonanzanalyse: *Eine Einführung in Theorie und Praxis.* Wiesbaden: GWV Fachverlage GmbH.

Rolke, L. (2007). Kennzahlen für die Unternehmenskommunikation. In A. Zerfaß (Hrsg.), *Handbuch Unternehmenskommunikation* (S. 575-585). Wiesbaden: Gabler.

Steinmann, H. & Schreyögg, G. (1990). *Management: Grundlagen der Unternehmensführung; Konzepte, Funktionen und Praxisfälle.* Wiesbaden: Gabler.

White, D. (1950). The "Gate Keeper": A Case Study In the Selection of News [Electronic Version]. *Journalism Quarterly, 27,* 383-390.

Ziehr, S. (2003). *Internetbasierte Reaktionen auf Firmenaktivitäten – Ein Beitrag zur Entwicklung innovativer Dienstleitungen* (Diplomarbeit). Hochschule der Medien. Stuttgart.